AF755222

विश्व सिनेमा का सौन्दर्यबोध

(विश्व प्रसिद्ध निर्देशकों की सिने-दृष्टि)

प्रकाशक / लेखक की अनुमति के बिना इस पुस्तक को या इसके किसी अंश को संक्षिप्त, परिवर्धित कर प्रकाशित करना या फ़िल्म आदि बनाना कानूनी अपराध है।

ज्ञान गरिमा के
70 वर्ष

भारतीय
ज्ञानपीठ

प्रकाशक / लेखक की अनुमति के बिना इस पुस्तक को या इसके किसी अंश को संक्षिप्त, परिवर्धित कर प्रकाशित करना या फ़िल्म आदि बनाना कानूनी अपराध है।

अभी जो तुमने कहा

नरेश चन्द्रकर

भारतीय ज्ञानपीठ

लोकोदय ग्रन्थमाला : ग्रन्थांक 1248

ISBN 978-93-263-5299-4

अभी जो तुमने कहा

(कविता-संग्रह)

नरेश चन्द्रकर

प्रथम संस्करण : 2015
मूल्य : 150 रुपये

प्रकाशक : **भारतीय ज्ञानपीठ**
18, इंस्टीट्यूशनल एरिया, लोदी रोड, नयी दिल्ली-110 003

मुद्रक : नागरी प्रिंटर्स, दिल्ली-110 032

आवरण चित्र : नेहा चौहान
आवरण व साज-सज्जा : महेश्वर

© नरेश चन्द्रकर

ABHI JO TUMANE KAHA
(Poetry-collection)
by Naresh Chandrakar

Published by
Bharatiya Jnanpith
18, Institutional Area, Lodi Road
New Delhi-110 003

e-mail : jnanpith@satyam.net.in, sales@jnanpith.net
website : www.jnanpith.net

First Edition : 2015
Price : Rs. 150

यह कविता-संग्रह उन सबके लिए
जिन्हें यह विश्वास है कि...
जहाँ बन्दूकें जीवन नहीं बचा सकतीं
वहाँ शब्द जीवन बचा लेते हैं...

अनुक्रम

अभी जो तुमने कहा

मन्दिर के अहाते से

सामूहिक प्रयासों से बने भित्तिचित्र जैसा था वह कोना

उसमें अंकित थीं
अधूरी छूटी आशाएँ
अपूर्ण कामनाएँ
पूरे न हो पा रहे मनसूबे
टूटते हुए सपने
नाकामयाबियों की फेहरिश्तें
असुरक्षित जीवन की शिकायतें
जीने की सामान्य इच्छाएँ

भित्तिचित्र जैसे उस कोने में
बढ़ते ही जा रहे थे
मन्नतों के रंगीन डोरे
और नारियल

मन्दिर के अहाते में खड़े होकर भी
मैंने समझ लिया था :

इच्छाओं का बुरा हाल है

हमारे समय में!!

रह तो नहीं गया
(कवि त्रिलोचन की स्मृति में)

वे कवि थे
त्रिलोचन थे
शास्त्री थे
किरणों जैसी चपल उज्ज्वल धवल उनकी दाढ़ी
कामगार-सी थकी झुकी गहरी उनकी आँखें
शब्दों में भाषा में रंग में रूप में धूप में वे थे
वे चलते लिखते सुनते बोलते
देशभर में घूमते
उनके पैरों के पोर पोर में धूल कण चिपके रहे अन्त तक
शब्दों का अथाह जल था उनके भीतर
उनकी कविताएँ सानेट
गुजराती बांग्ला हिन्दी में
छन्द में बन्द में
दिल्ली में हरिद्वार में दारागंज में
सब जगह,

वे इस जनपद के कवि थे
सब अपना सौंप देते थे।

वे जैसे पेड़ आम का इस पृथ्वी पर
फल देते थे मुरझाए भी रहे कई दिन तक जाने से पूर्व

दुख सुख अपमान मान सब सहे
चल दिये एक दिन कहते हुए

और क्या चाहिए मुझे

सोचता हूँ,
उनकी दाढ़ी का सुनहरा सजीव उजला केश
रह तो नहीं गया
यहीं फरफराता हुआ!!

कान्टेक्ट लैंस

कुछ बरस बाद आज जब बिटिया ने
खुली आँखों से देखनी शुरू की दुनिया
मुक्त की छिपी हुई दृश्यावलियाँ
चिलमन से बाहर निकाली आँखें
हटा दिये आँखों के सामने जड़े फ्रेम
विदा किया चश्मे को

तो अच्छा लगा

अच्छा लगा
कि आखिरकार व्यर्थ ही साबित हुआ चश्मा
सामने था जब कान्टेक्ट लैंस

इसलिये भी अच्छा लगा
रचनाओं की दुनिया में भी
कहाँ पसन्द करते हैं अब
कि कोई पढ़े रचना को

चश्मा लगाकर!!

डेमो

फेंककर पंखों के नर्म बेजान फर
बीनकर लाये सूखे फूस
छोड़कर चुगे हुए कुछेक दाने
गिराकर जगह जगह बीट

विकृत नहीं कर रहे हैं वे
ऐतिहासिक स्मारकें
पुरातात्विक सम्पत्तियाँ
महापुरुषों की पूज्य मूर्तियाँ
पेंटिंग्स
कलाकृतियाँ
पुस्तकें
संग्रहालयों की वस्तुएँ
अन्य अनेक धरोहरें

वे सिर्फ प्रवेश कर रहे हैं
वस्तुओं के निजी दुख में
उनके छिपे एहसासों में
उपेक्षाओं में
उपभोग के बाद फेंक दी गयी वस्तुओं की परतों में
वे सतह पर रख रहे हैं
छोड़ दी गयी वस्तुओं की शक्लें
रोशनी चमक आकर्षण की धार के नीचे से
निकालकर दिखा रहे हैं वस्तुओं के

जर्जर मलिन चेहरे

वे गुरु हैं जीवन-प्रबन्धन के
और
डेमो दे रहे हैं वस्तुओं के ज़रिये

कि समझ लें हम
कितना बुरा हाल है हमारे समय में उन लोगों का
जो शिकार हैं

उपेक्षा-भाव से!!!

क्या नाम दूँ क्या उपमा दूँ

एक आदमी को साइकिल या कभी बाइक पर
धीमी गति से चलते देखा है

एक छोटा-सा
ऐंठा हुआ
कसकर बटा हुआ रस्से का टुकड़ा हाथ में

जैसे वह ज़ंजीर या
साँकल
या चाबुक का काम लेता हुआ
उस सोटे से

मुहल्ले में इधर उधर
गलियों में
घर के मुहानों पर

जूठन अबेरती
पगुराती
घास-फूस कचरे से अटे
मैदाननुमा
रिक्त पड़े ज़मीन के
खुले टुकड़ों में बैठी गायों को
सुबह शाम हड़काते देखा

यह भी देखा
टूटी सड़क वाली
सँकरी गली में
गोबर से सनी राह पर

वे राहें जो बनी हैं
गोबर सोसायटी में
जैसे प्रतीक* कहता है

गोबर से सनी उन राहों पर
होता है उन गायों का ठीया
या कहें :

ऊपर जिस बाइक या साइकिल सवार का ज़िक्र है, उसका घर
या कहें :
देसी दूध की डेयरी

और विशेष बात यह
बछिया पर भी होती है
उस आदमी की आँख
और
बछिया की पीठ पर हवा में घूमता
उस आदमी के हाथ का
चलता है सटाक से
रस्से का सोटा

यह भी देखा
दुहने के बाद
चारा ढूँढ़ने
सानी-पानी स्वयं करने
स्वयं अपना उदर भरने छोड़ी जाती हैं वे गायें

आसपास के मुहल्लों गल्लों-ठेलों

होटलों घरों में
दूध मुहैया करातीं
भटकतीं
घिसटती चलतीं
खुद्दार
स्वावलम्बी भरे स्तनोंवाली गायों को
क्या नाम दूँ क्या उपमा दूँ

जैसे ही
दूध दूहने डेयरी के पास ले जाने
सोटे से पिटती दिखती हैं वे गायें

शब्द सड़क पर चिपट जाते हैं!!

*कवि सुपुत्र

जाने की प्रक्रिया

चुपचाप कैसे चली गयी
चौमासे की बरसातें

यह पता भी न चला

बारिश की फुहारें देखकर
यह अनुमान कठिन था

कि ऋतान्त की बारिश हो रही है

यदि पहले ज्ञात होता
इसके बाद नहीं होंगी वर्षभर बारिशें
रोमांचित रहता मन

चुपचाप करवट लेगा मौसम
इसका संकेत नहीं था
मौसम विभाग के पास भी

बादलों की गर्जना
बारिश में भीगना
सड़कों पर जल-भराव के दृश्य
सीलन की गन्ध

गए सब चुपचाप

प्रकृति को देखकर ही नहीं

जीवन पर भी
ठीक बैठता है यह वाक्य

गये सब चुपचाप!!

उस लड़की की याद

उस लड़की की याद

किसी तस्वीर,
किसी दिन
या किसी फिल्म
या किसी किस्से के आधार पर
सम्भव नहीं थी

वह याद की जा सकती थी

बहुत बोलते-बोलते ऊब जाने पर
बहुत काम करते-करते थम जाने पर
बहुत गहरे में दुख दर्द को झेलते रहने पर
बहुत किल्लत की ज़िन्दगी जीने पर

वह याद की जा सकती थी
इन सभी की तरह से

आज उस जैसी लड़की को
जब मैंने
मजदूरनियों के झुंड के पीछे-पीछे चलते
कुछ गुनगुनाते
सुबह-सुबह कहीं जाते देखा
तब
वह मुझे बहुत याद आई!!

पर क्या अब कोई मतलब नहीं बचा

यह नहीं कह रहा हूँ सिर्फ

कृष्ण पक्ष की प्रतिपदा
उन्नीस सौ साठ के दिन
जब तेज बारिश थी

उस दिन मेरा जन्म हुआ था

बल्कि बाकायदा जन्म प्रमाण-पत्र
वोटर पहचान-कार्ड लेकर आया हूँ

यह नहीं कह रहा हूँ सिर्फ
कि यह विरासत के काग़जात का मामला है

बल्कि यह मामला है
मुआवज़े की रकम पाने का

यह मामला है
जिस मुआवज़े का मैं
सच्चा हकदार हूँ

वैसा ही हकदार
जैसा
इफ़्तार की दावतों में हक़ है

नमाज़ियों को रोज़ा तोड़ने का

फिर क्यों कहा जा रहा है :

ऊपर से आई पर्ची में
यह नाम नहीं था

नरेश चन्द्रकर

यह प्रामाणिक नाम ही नहीं है
न.च.

तो क्या अब कोई मतलब नहीं बचा
हमारे समय में

कि क्या कह रहा है

एक ज़िन्दा आदमी!!!

इच्छा-पत्र

यदि वह ठीक से पढ़ा जाता
काग़ज़ की कोरें खोली जातीं

पोले हाथ से
उतारी जाती प्रत्येक पृष्ठ की जर्जर
गले,
पीत हिस्से की सिलवटें

ध्यान दिया जाता समयसार
परिवर्तित शब्दों पर

कहते हैं :
पाठ
कुपाठ
सुपाठ
कई सतरें हुई हैं भाषा की
इजाद हुईं नयी प्रवधियाँ इधर
उन्हें समझा जाता

इससे परिवार
कलह में डूबने से बचता।

न होती इतनी लानत-मलानत
न पड़ती घर में दरारें

न होती बेहयाई
न किसी को लोहा
किसी को लक्कड़ मिलता
किसी के हिस्से छाँह
किसी के धूप न आती

अर्थ का न होता इतना अनर्थ
सब कुछ आत्मीय रहता

न परलोक बिगड़ता उनका
न उठता प्रश्न पितृदोष लगने का

अब लगता है:
वे न लिखते उस इच्छ-पत्र को
स्वयं ही सुलझा जाते सारे हिसाब
दिवंगत होने से पूर्व

अब लगता है:

वे जानते होते
कितना बुरा हाल है
हमारे समय में
इच्छाओं का!!

शहीदे आज़म का चित्र

शहीदे आज़म के चित्र में,
एक उपचित्र भी है

वही उपचित्र
दिल दहकाता है
धमनभट्ठी-सा

वही है
हृदयकंटकस्थल उस चित्र का

उसी उपचित्र में
उनके शहीदेआज़म होने का खिताब भी है

उसी उपचित्र को
देखकर रूह काँपती है

उसी उपचित्र से भगत सिंह की
तेईस बरस की उम्र झाँकती है

उसी उपचित्र से
चेतना भी मरोड़ जाती है

असल में
क्रान्तिकारिता की मुखर मुहर सरीखा है वह उपचित्र

वही उपचित्र है
जो बहुतों की निगहबानी से बचा है

वही उपचित्र अलक्षित है
उस चित्र में

उसी उपचित्र के साथ अंकित है
युवा पृष्ठ गर्वीली ग्रीवा

जिसके पास
झूलता हुआ दिखाई देता है वही उपचित्र
रपटीला,
कसकर बँटा हुआ
गुँथा हुआ

वह फाँसी का रस्सा!!

इन दिनों के दृश्य

तेज चलती बाइक और
बाइक पर सटकर बैठी युवती को देखकर

यह नहीं लगता है
कि यह पिटी हुई औरत है
या
घर लौटकर पिट जाएगी

अपमानित की जाएगी
या लानत-मलानत में डूबेगी वह आकंठ

असल में
बहुत गडमड हुई हैं
हमारे इस समय में

प्रेम और
हिंसा की छवियाँ!!!

अन्न हरकारे हैं

इस बार बाज़ार से गेहूँ जब घर आए

फटकारते वक़्त
कुछ अजीब आवाज उठीं

धान के सूखे कण चुनना,
खून के सूखे थक्के बीनने जैसे लगा था

आटे चक्की की घर्र-घर्र में
सुनाई दीं
रगड़ती हुई सूनी साँसें

घर के बूढ़े-बुजुर्गों ने भी कहा :

ठीक नहीं हैं गेहूँ
इस बार बाज़ार में

मन उचाट रहा
गेहूँ के मलिन स्वर सुनकर

लगता रहा :

यह किसान आत्महत्याओं का असर है
जो हाथ से छूट जाते हैं अन्नकण

जो उदास बना हुआ है
गेहूँ का गेहुँआ रंग भी

लगता है :

अन्न हरकारे हुए हैं इस बार
खबर पहुँचा रहे हैं हम तक
अपने ही मलिन निराले अन्दाज़ में!!

रास्ता

(मित्र के बेटे की आत्महत्या की खबर सुनकर)

रास्ते इन दिनों भटक गये हैं
रास्तों में नहीं है अब...

पहले जैसी शराफत
पहले जैसी उदारता
पहले जैसी चिरौरी
पहले जैसा साफ सुथरापन
पहले जैसी नेकदिली
जो भटके हुओं को
देरे-सबेर आखिरकार
पहुँचा आये उनके घर

रास्ते पहले के रास्ते थे
जिनके कारण बनीं कहावतें :
सुबह का भूला शाम को घर लौट आये...जैसी

वे रास्ते थे
जिनकी बनी हुई साख के कारण
कहा जाता था अकसर :

कहीं आपका लड़का रास्ता तो नहीं भटक गया है?
ग़लत रास्ते पर तो नहीं है?

वे रास्ते ही थे

जो फिल्मी गीतों के शीर्षक हुआ करते थे :
हरियाली और रास्ता...
आदि-इत्यादि

वे रास्ते ही थे
जो नाक की सीध में चलना सिखाते थे

पर अब,

अब रास्ते स्वय इतने मोड़ भरे हैं
इतने कूबड़वाले हैं
इतने बाज़ार तरफ मुड़े हैं

कि घर का रास्ता
अपनी मंजिल का रास्ता
अपने सपनों का रास्ता
बच्चों के लिए सही भविष्य का रास्ता

खोजने में पछाड़ खाते हैं हम
मैले कपड़े की तरह
पत्थर पर

मैं कहता हूँ
यह रास्ते का प्रश्न है
इतना आसान भी नहीं रहा जो
हमारे समय में

कि इसे भी कोई
गूगल सर्च पर ढूँढकर कहे :

लो यह रहा आपका रास्ता!!

छुट्टियाँ

(बहुराष्ट्रीय कम्पनियों का जीवन)

इस वर्ष
किस महीने
कितनी किस दिन हैं छुट्टियाँ

हम खोज लेते हैं
वर्ष के पहले ही दिन
जैसे हमें आता है
जेब से निकालकर छुट्टे पैसे गिनना
हम हर वर्ष से निकालकर गिन लेते हैं छुट्टियाँ

जब तक सेवा से मुक्त न हों
हमारे लिए यह भी कमाई का ज़रिया है
जो जमा होता है
हमारी आत्मा की कमीज़ में

त्योहार और महापुरुषों की जयंतियों के दिन
पड़नेवाले रविवार से लगता है
कमबख़्त ऐसे रविवार
सोखते हैं
हमारी निजी पूँजी

सोखते हैं
घर के काम आ सकनेवाली
हमारी जीवनदायनी क्षमता

सोखते हैं—
परिवार को दे सकनेवाली हमारी आत्मीय उष्मा

या फिर कहें :

रविवार से मारे गये छुट्टी के दिन
हमसे सोखते हैं
ज़रा-सी हमारी उस कोशिश को
जिसमें बची रहती है जीवन में हँसी

ये छुट्टियाँ यूँ ही नहीं बनी है
पृथ्वी भर पर
किसी न किसी काम में लगे लोगों के लिए

इसे आरामगाह न मानें

सौर्यवर्ष की गणनाओं में
निश्चित अन्तराल खोजे गये होंगे पहले
फिर मनुष्य की क्षमता और काम के घंटों के हिसाब से
छुट्टियाँ बनी होंगी
परम्परा और महापुरुषों की स्मृतियों को गूँथते हुए

मूर्छित होने से रोका है हमें अब तक किसी ने
तो वे छुट्टियाँ ही हैं

मनुष्य को मशीन का विकल्प बनने से बचाया है किसी ने
तो वे छुट्टियाँ ही हैं

छुट्टियों की पाबन्दी ने
घोड़े होने के एहसास से मुक्त रखा हमें

कौन कहता है
छुट्टियाँ उत्पादन रोकती हैं

किसे लगता है छुट्टियों से नदियाँ सूखती हैं
बिजली नहीं बनती

कौन कहता है
छुट्टियों से प्रगति के मार्ग अवरुद्ध होते हैं

मैं कहता हूँ
इतना तो समझें आप :

कोई क्यों चाहता है
छुट्टियों की संख्या घटे

खत्म हों आदमी के लिए आराम के घंटे
इतना तो समझें :

कोई क्यों चाहता है

हम अपने घर पर न रह सकें
इतनी देर भी
जितनी देर में सूखते हैं

हमारे धुले हुए कपड़े!!

बातचीत

कोने में हृदय के
प्रकाश के गोल-गोल घेरे-सा

वह जो दाग-भर था अँधेरा
वह जो तासीर था
वह जो धार था
वह जो तेज था
वह जो चुभ जाता था
वह जो खुब जाता था नींद में

वह गुल है आज तुझसे बात करके

पहली बार लगा :

बातचीत भी ठहर जाती है
खिलाफ़ अँधेरे के!!

जीवन की सिम्त

रातभर भीगे हुए कपड़े
मूँग मोठ दालें राजमा चना
पानी पीते हुए दिखते हैं चुपचाप

यह कहने से हँसते हैं लोग

लोग कवि शमशेर की इस पंक्ति पर भी हँसते हैं :

शिला का खून पीती थी वह (जड़)

हँसते हैं लोग इस बात पर भी :

बीमार है नारंगी उन्हीं वजहों से
जिन वजहों से बीमार पड़ता है आदमी

सूख जाता है कटहल उन्हीं वजहों से
जिन वजहों से सूखता है कंठ

लोग हँसते हैं इस बात पर भी :

जिन अलगावों से टूट कर गिरता है फूल
उन्हीं अलगावों से टूटती हैं स्त्रियाँ
अपने ही घर में

पर, लोग हँसते हैं

जीवन की हर सिम्त पर!!

सीखने के लिए

जिस तरह उसने रफ़ूगरी की
काज तुरपाई की
बटन टाँके
अस्तर लगाया
पीको किया
कुछ देर बाद कलफ लगाई कपड़ों में
फॉल चढ़ाई
और साड़ी रोलिंग की

इसी बीच

दसेक बार तो जैसे उसने पिरोई सुई
मुँह लगाकर बार-बार दाँत से काटती रही
बचे हुए धागे के अन्तिम छेड़े

उस तरह

सीखने के लिए बहुत कुछ दिखा
स्त्रियों के पास

कविताएँ लिखने की कला भी!!!

बिजली का बिल

शामिल था इसमें हिसाब

जितना घूमा मीटर
जितनी जलीं यूनिटें
जितनी चढ़ीं कीमतें
उन सभी का

शामिल था इसमें
जितनी पढ़ीं किताबें
जितनी लिखीं कविताएँ
हिसाब उनका भी

मुफ्त में नहीं था हमारे समय में
कविताएँ लिखना भी!!

क्या शेष है अब

(आदरणीय शिव कुमार मिश्र की स्मृति में)

वे कई दिन साथ रहे उनके

अभी-अभी गये हैं
अर्थात
अग्नि पृथ्वी वायु जल में लीन हुए हैं

अभी-अभी एक किताब खोली है उन्होंने हवा में

अतल गहराई में बैठकर
वे कुछ लिख रहे हैं पृथ्वी में धँसकर

उनके लिखे में अभी ताप हैं
बफारे उठ रहे हैं

वे छोड़ गये हैं अपनी संवेदनाएँ
बहते हुए जल में

उन्हें महसूस करने के लिए
क्या शेष है अब

आकार को इसी तरह
निराकार में देखने के सिवा!!!

उनका पुराना कर्ज़
(मुक्तिबोध की स्मृति में)

वे बिल्डर
ठेकेदार
बड़े हुकुमरान तो नहीं थे

उनके हिस्से की जितनी थीं साँसें, लीं उन्होंने
जितने झेलने थे दुख-दर्द, झेल गये
जितनी नापनी थी पैरों तले की ज़मीन, नाप ली उन्होंने

उन्होंने कब कहा किसी से
गोल-गोल घुमावदार चक्करदार सीढ़ियाँ
ब्रह्मराक्षस की बावड़ी
वहाँ का अँधेरा
वहाँ का आकाश में और उसमें टँगे रहनेवाला टेढ़े मुँह का चाँद
उनका है

हाँफने से उनकी हाँफती थी कमीज़
दुख से दुखी होती थीं नसें
पसीने से भीग जाता था रक्त

कब कहा उन्होंने
बौद्धिक सम्पदाओं में शामिल रखो मुझे
कब उठाया शोर पहचानो-पहचानो का उन्होंने
कब चाहा इतना अधिक चौबीस घंटे गलबहियों में डाले रहे कोई
उन्हें

उनके चर्चित चित्र को देखकर तो यह नहीं लगता है
कि वे वंश परम्परा समृद्ध करने में लगे रहे होंगे यहाँ
बल्कि यह लगता है कि जैसे उन्होंने अपना तेजस्वी जीवन जीया
और जिसे गँवा कर जा चुके वे अब यहाँ से

अब क्यों समवेत स्वर में कोई गाये यहाँ उनके नाम से
मुक्तिबोध मुक्तिबोध मुक्तिबोध के गीत
(विशेषकर उन्हें पढ़े बिना)

क्या जिसे सुनकर आपको भी यह नहीं लगता है कि जैसे
सच में भी पुराना कर्ज़ था इन कई लोगों का उन पर
जिसे उतारे बिना
चले गये वे यहाँ से!!

कविता में उपस्थित मुक्तिबोध

राजनांदगाँव की नीरव शान्त रात्रि
कवि राम कुमार कृषक
माँझी अनन्त
शाकिर अली
पथिक तारक, शरद कोकास
महेश पुनेठा, रोहित

कविता-पाठ और कविताओं के दौर के बीच
अँधेरे की धाक गहराती रही
देर रात हुई
सभा विसर्जित

पहली किरण की तरह
कमरे में प्रवेश हुआ सुबह
कवि विजय सिंह
साँस में लम्बी गहरी गन्ध लेते हुए यह पहला ही वाक्य फूटा
उसके मुँह से
यहाँ बीड़ी पी है क्या किसी ने?

निरे निखट्टू
तमाखू के विकर्षण से ग्रसित मित्रों में
विसंगत था यह वाक्य कहना :

क्या बीड़ी पी किसी ने यहाँ!

ताजा हुआ
सदाबहार
लहलहाता।
वही तैल चित्र महामना कवि का

जैसे आज भी सुन रहे हैं
गुन रहे हैं
दिख रहे हैं
छिप रहे हैं

कविता में उपस्थित मुक्तिबोध!!

बेटी की बढ़ती उम्र

वह जहाँ है
वहाँ नहीं रहकर
दूर चली जा रही है कुछ दिन से।

बहुत दुर्गम चोटियों,

शिखरों को पार करती हुई
वह अस्त-पस्त लौट रही है,

उसकी उड़ानें हैं अदृश्य
उसके रास्ते अदृश्य
पराजय से भरी
उसकी कश्तियाँ,

वह क्यों अचानक रो रही है इन दिनों
उलझा रही है सभी को,

क्या वह ऋतु की पहली फुहार है?

भीगने की इच्छा के विरुद्ध
जिसे वह सिर्फ देखती रही थी खिड़की से

क्या वह कोई फूल है?

किसी दिन की दोपहर

क्या वह
हर ओर से उठता भविष्य का
शोर है?

सुनती रही है जिसे वह
इन दिनों

मुझे समझ नहीं आया :

वे कौन सी खरोंचें हो सकती हैं?
बेटी की बढ़ती उम्र के साथ!!

पुरुष के रूपक

जीवन ज़रूरत के
निहायत अनिवार्य कामकाज
पुरुष ने अपने पल्ले नहीं पड़ने दिये हैं

बहुत कठिन है पुरुष को रोज :

कपड़े सुखाते देखना
दाल में सूखी रोटी भिगोकर खाते देखना
मेहमान को परोसते
पड़ोस से नीबू माँगकर लाते हुए
नये-नये पकवान की तरक़ीबें सोचते हुए देखना

पुरुष अकसर नहीं देखे जाते
बारिश में भीगते कपड़े
सहेजते हुए

बहुत शालीनता से पुरुषों ने
अलग रखी है
स्त्री से अपनी दुनिया

एवज में
अपने लिए उसने जबकि

गढ़ डाले हैं

बहुत रूखे रूपक भी

जैसे :
पुरुष यानी
नदी के जल-प्रवाह से बेसुध
कोई नाविक

जैसे :
पुरुष यानी

कोई किसान
बेखबर मिट्टी से
फाख़्ता होती नमी से!!

वे और उन्हें

वे पुदीने के खेत में टहल रहे हैं
जिसे वे मिंट कहते हैं

पुदीनहरा और औषधियों के नाम याद कर रहे हैं

वे खेत के मध्य बने भट्ठे को
घूम-घूम देख रहे हैं

मेंथाल तेल बनाने की
देसी-प्रक्रिया को समझ रहे हैं
डायरियों में बार-बार
कुछ नोट कर रहे हैं

वे खेत में अजीब लग रहे हैं
खेत उन्हें अजीब लग रहे हैं!!

नाई की दुकान

पहली बार
कहीं जाने की तरह
कभी नहीं गया वहाँ

शायद पहली बार भी नहीं।

इतने व्यापार
इतने रंगीन दृश्य
इतने दिखावे
इतने विज्ञापन
इतने छल,
इतनी चकाचौंध
इतनी प्रौद्योगिकी के समय के बावजूद,

चुपचाप बालों में कंघी घुमाते,
कैंची चलाते
कम बोलते,
अधिक श्रम घोलते

झुके माथे पर हाथ फेरते,

कितने झंझावात
कितने ऊष्ण उलझते ख़याल
कितने तनाव से घूमते सिर वहाँ

चाक पर घूमते पात्र को
जैसे धीमे कर रहा हो कुम्हार,

इतने धैर्य,
इतने हुनर से
सृजनशील वह!

सोचता हूँ
चुकाकर भी क्या चुकाऊँगा उसको?

ऋण छोड़ आने जैसे
आता हूँ बाहर नाई की दुकान से!!

प्रूफ रीडिंग

रचनाओं का पुलिन्दा देकर कहा गया :

खोजें इन रचनाओं में
गलतियाँ

कई उदाहरण दिए गये
मिसाल के तौर पर पैमाने तय किए गये
अक्ल का इस्तेमाल सिखाया गया
नये नुस्खे,
तरकीबें दिमाग में बैठाई गयीं
उन जगहों के संकेत दिए गये
जहाँ अकसर फँसी रहती हैं गलतियाँ

शिकारी की तरह
रचनाओं में प्रवेश करने के
तौर तरीके सिखाए गये।

सारी माथापच्ची के बावजूद
रचनाएँ पढ़ते वक़्त
हारता रहा
हर छोटी-मोटी गलतियों से

अन्त में
केवल इतना जान सका
हमारे समय की रचना
गलतियों से ही बनी है!!

सोने की अँगूठी

हिम्मत शाह की शिल्पाकृतियों में
कटा हुआ उठा हाथ होता है

मेरी स्मृतियों में भी वैसा ही एक हाथ है

एक अंत्येष्टि में दिखा
वह मृत हाथ है
जो जीवित है अब तक

जीवित है एक वाक्य भी उस हाथ के साथ जो कहा गया था
तब

अँगूठी अवश्य निकाल लें
फँस गयी हैं तो काट लें तर्जनी

पर, व्यर्थ न करें उसे
आखिर वह सोना है

मलिन है हृदय अब तक उस वाक्य की गूँज से
और
सोने नाम के धातु से!

टाइम

चीज़ें बेतरतीब हो रही हैं
रखी जा रही हैं जस की तस इधर-उधर
सिलसिले में नहीं हैं हर सिम्त
हर वस्तु रखने-उठाने की आवाज में कह रही है :

वह जल्दी में है
उसे निपटाने हैं कई सारे काम
निकलना है घर से
पहुँचना है अभी इसी वक्त
गन्तव्य तक
अब रुक नहीं सकता वह

वह नहीं,
उसके हाथ से बेतरतीब होती चीज़ें कह रही है :
टाइम नहीं है अब
जल्दी करना पड़ेगा
बार-बार न कहते हुए भी गूँज है इस वाक्य की हर सिम्त में
उस के हर उपक्रम में

टाइम नहीं हैं
जीवन में भी शामिल लगी यह गूँज
गरम जल से उठती भाप सरीखी :

टाइम नहीं है अब!!

नागरिक–कथा

न ज़मीन, न प्लॉट
न धरती, न आकाश
न हवा, न पानी
न सिर छिपाने की जगह
न सात समुन्दर
न मेघ
न रात
न दिन
न सूर्योदय, न सूर्यास्त
न हथियार

निकला हूँ घर से बाहर केवल
नमक तेल हींग हल्दी के लिए!!

बलराज साहनी की फ़िल्में

उनकी फ़िल्मों की रीलें
जहाँ भी है
बन्द डिब्बों में सोईं

इतने बरस अँधेरे में
वे खूब रोईं

तमाम रीलें
याददानिशों को पीछे ठेलती हुईं
उन्हें याद करतीं
अपनी ही तरह से

वे स्वप्न देखती हैं
बन्द डिब्बों में कैद रहकर

गोल गोल लिपटी,
मीलों लम्बी,
अँधेरे में पड़ी
तड़पती हैं फ़िल्म की रीलें यह सोच-सोचकर :

कि उन्हें प्रोजेक्टर पर
क्यों नहीं चढ़ाया जाता
हालाँकि छविग्रह है अत्याधुनिक
पी.वी.आर. जैसे भी

यूँ सिर पीटती हैं फिल्म की रीलें यह सोचती हुईं :

कि हमारे हाथ होते
तो हम स्वयं
प्रोजेक्टर पर घूमतीं
शुभचिन्तकों को बुलातीं
हाथ हिलाहिलाकर
छविग्रहों में,

क्या करें रीलें भी अब
वे स्वयं सोचती हैं
सामाजिक किरदार निभाने का चलन
कहाँ बचा
हमारे इस कुबड़े समय में

सोचती हैं रीलें!!

दूसरा आदमी

पढ़ते हुए किताब खुली छोड़कर जाता हूँ
बाँच लेता है कोई

पेरू खाते हुए जाता हूँ
ज़रा-सा उठकर
दाँत गढ़ा देता है कोई

बातें करते हुए बच्चों से
बराबर लगता है
कोई सुन रहा है बगल में बैठे पूरी देर

प्रत्येक दृश्य में अदृश्य है कोई

रोशनी के हर घेरे में छिपा है अँधेरा
काग़ज़ में पेड़ है
काले में छिपा है सफेद
सुर में बैठी है बेसुरी तान
वस्तुओं में कीमतें हैं
लकड़ी में दीमकें
अनाज में घुन है

कहे में रह जाता है
हमेशा ही अनकहा
शब्दों में छिपे हैं मौन

बसे हुए शहर में अदृश्य हैं नदियाँ
आईने में है दूसरा भी अक्स

रहता हूँ जिस गली, मकान में
वहाँ रह चुका पहले भी कोई

चाय के प्याले से चुस्कियाँ लेते हुए जानता हूँ
जूठा है कप
नहीं मानता फिर भी
नहीं यक़ीन करता फिर भी
नहीं स्वीकारता फिर भी

हर सिम्त में है
हर वस्तु में है हर मोड़ पर है

दूसरा आदमी!!

आप चाहें तो

एक ऊसल पाव खरीद न सके जो
डकार लेते नहीं बनता
उसके आगे मुझे

मुझसे स्त्रियों से बदसलूकी के दृश्य
देखते नहीं बनते
मोबाइल फोन पर भी

अगर कोई अमेरिका चला जाए
तो हलकट नहीं लगता
मुझे यहाँ रहना

नदी में डूबते
'हरसूद' जैसे गाँव के बाद भी

बचाए नहीं रख पाता डूबने से अपनी उम्मीद कोई
तो भावुक नहीं लगता वह आदमी मुझे

प्लेग
फ्लू
जैसी बीमारियों में
जान गँवा चुके लोगों के लिए
मैं यह नहीं कह सकता :
कि उन्हें ईश्वर का न्याय मिला है

इतना ही नहीं

मैं तेरहीं का भोजन तक
नहीं खा सकता

अब आप चाहें तो,
समय से बाहर फेंक दें मुझे!!

उनकी आँखें
(अपने बाबूजी के लिए)

अरथी के साथ आँखें नहीं गयीं

पंचतत्व में विलीन होने से बचा ली गयीं

वे परलोक में आँखें
इस लोक में छोड़कर सिधारे

वे आँखें थीं
अनेक दृश्य से बनी
सजल,
असंख्य चित्रावलियों से सजी थीं

वे आँखें थीं
खूब सारे रंग राख अँधेरे थकावट
बारिश धूप से बनी

लम्बी यात्राओं के सुख से तरीं
तजुर्बे से पगी हुई थीं वे आँखें

वे आँखें
जब दी गयीं किसी नेत्रहीन को

जरामरण से बचने
मृत्यु को हराने से प्रसन्न हुई

तब हिली डुली भी वे दोनों आँखें
मानो यह कहते हुए :

जीवन अभी खत्म कहाँ हुआ?
कब खत्म हुआ जीवन?

कब थमीं
पृथ्वी पर बारिशें!!

चीज़े

छोटे भाई के घर से निकले थे
पिता अन्तिम बार

उनकी पेशानी का तिल
सफेद सुर्ख रेशमी केश
घुटनों का दर्द
हाथों की नीली नसें
भरोसे से भरी साँसें

सब कुछ गया
उनके साथ
अन्तिम बिदाई में

जो बचा रहा
वह उनका चश्मा था

अन्तिम क्षणों में
जिसे भाई ने उठा लिया अरथी से

आज भी उस चश्मे से प्रकट होते हैं पिता

यही निर्जीव चीजों का अपना एक ढंग है
मनुष्य को फिर से सजीव करने का
चीज़े स्मृतियों की दराज बनकर
रहती हैं हमारे साथ!

हरिद्वार

मैंने उन पोथियों को छुआ हरिद्वार में

जिनमें ढूँढ़े जा सकते थे
भूले हुए पूर्वजों के नाम, धाम, पते

देखी जा सकती थी
अपने नाम की इन्दराज,

कागज़ पर लिखी इतनी पुरानी इबारतें
हैरत में डाल सकती थीं
किसी भी तर्क पसन्द आदमी को।

आखिर क्यों सुरक्षित रखी जाती हैं
पीढ़ियों से पीढ़ियों तक
वंश-परम्परा की कई महीन कथाएँ?

जबकि मुश्किल है,
इस हाहाकार भरे समय में
मेरी तरह बहुतों का पहुँचना
उन हस्तलेखों तक

मुश्किल है,
अपने भीतर लम्बे समय तक
जा चुके स्वजनों की गरमाहट बचाए रखना

ऐसे में
बहुत दिलचस्प लगा हरिद्वार में—
एक ओर अस्थि-प्रवाह
दूसरी ओर हस्तलेख!

हर की पौड़ी

जिन पैरों से उन्होंने
पिछली सदी के किसी वर्ष से शुरू होकर
इस सदी के कुछ वर्ष तक
यात्रा की थी

जिन हाथों से
मुझे कई बार छुआ

जिस ह्रदय में धड़कते थे
उनके असंख्य गीत

उन सबका अस्थि-कलश रह गया था
मेरे हाथ में!

मैं क्या करता उस अस्थि-कलश का?

याद आया मुझे
जो उन्होंने ही सुझाया था :

'हर की पौड़ी'

मैंने वहाँ
वेग से बहते जल को छुआ
छुआ और प्रवाहित किया

देह के अन्त को
हर की पौड़ी में

मन ही मन कृतज्ञ होते हुए :

नदियों में
अन्त को स्वीकारने का
कितना अदम्य है साहस!!

दीक्षान्त

माँ ने अपने ढँग से
पिता ने अपने

दोनों ने दीक्षा दी

मैंने अपने ढँग से
रोते भूलते झींकते सुनते हुए
दीक्षा ली भी

सोचते हुए,
यह सिलसिला अनन्त है

पर एक-एक कर
दोनों की अस्तियों को
छूना जो पड़ा मुझे

तब लगा :

वह कैसी थी दीक्षा?

या था
वह दीक्षा का अन्त!!

आखिर क्यों नहीं ले जाते बारिश को

अभी तो रखकर गया था
पड़ोस की दुकान में
ठीक कराने अपना चश्मा
यहीं छोड़ गया था वाहन

यहीं तो बसा हुआ दिखता था टपरों में
गरीब परिवार एक
दिखते थे उनके दो एक लड़के
निकलकर आए हों जैसे नंग-धड़ंग
कहानियों से

यहीं से मुड़ता था मैं
घर जाने के लिये
अपने रास्ते से

यहीं से गुजरते हुए कहता था मैं :

एक दिन भी करना पड़े गुजर बसर
इन टपरों में मुझे
मर जाऊँ गन्दा पानी पीने नहाने से
ब्रेन ट्यूमर दिमागी बुखार जांडिस
जाने किन-किन बीमारियों से
चिन जाऊँ वक्त की मोटी दीवार में

यही तो वह कोना था पूरे शहर में
जहाँ बस सकते थे
कहीं जो न बस सकनेवाले लोग

उसे भी उजाड़ दिया गया

उसे ही ले गये उठाकर
रास्ते पर किनारे ऊभी कर गये
ज़रा-सी देर में लौटकर
चश्मा दुरुस्त कराकर आने जितनी देर में

वे ढोकर ले गये
एक गृहस्थी ही पूरी की पूरी
गलत पार्किंग में उठा ले जाने वाले वाहन की तरह

आखिरकार यह कैसा सरकारी आदेश है
यह कैसा कानूनी कृत्य
यह कैसा जुर्म
यह कौन-सी सज़ा है
यह कौन-सा गुन्हा है

ले जाए हँसी ठिठोली
चूल्हे ईंटे रोटी दाल
बच्चे और महिलाओं के साज़-ओ-सामान सब कुछ

आखिर क्यों नहीं ले जा पाते, बारिश को वे

वह तो घुस आती है
बरामदों खिड़कियों से होते हुए
भिगोते हुई बिस्तर तक

लच-लच कर देती है पूरा फर्श
प्रधानमन्त्री आवास तक का!!

म.फ़ि.हु.

(चित्रकार मक़बूल फ़िदा हुसैन के लिए)

वह कौन-सा रंग था तुम्हारी लम्बी कूची में
तवे की सिंकी रोटियों का
भूने आलूओं का
हरी कटी सब्जियों का

या अमरूद की फाँक का
या चीकू की बिखरी पाँत का
या नारियल की दूधिया गरी का
या तीखी हरी मिर्च का
किनका रंग भरा था तुम्हारी कूची में

वे शहरों की मिट्टी से बने घोड़े थे सचमुच में
जो दौड़े थे
कैनवास पर तुम्हारे

आदमियों के जत्थों पर नहीं

पर,
हाँ तुमने घुड़सवारी ही कहाँ की
तो क्योंकर कुचलते कभी
तुम्हारे घोड़े आदमियों को

और
बी.एम.डबल्यू कार तो तुमने, खैर कभी चलाई ही नहीं

तो कैसे करते लोगों का अहित

तुमने तो केवल की
जीवन की रंग-पच्ची
वह भी जीवन भर!

वैसे तुम्हारी तारीफ के
पुल नहीं बँध रहे हैं यहाँ
शामियाने नहीं सज रहे हैं तुम्हारी तकरीर के लिए
ताज नहीं तैयार हो रहे हैं तुम्हारे लिए

यह तो केवल इतना कहना है

कि वे तुम ही थे
जिनके कदमों की आहट
अहमदाबाद की बीच राह पर
नन्हे प्रतीक ने सुन ली थी

यह तो केवल इतना कहना है

कि वे तुम ही थे
जिनकी ओर इशारा करके मैंने कहा था :
अरे, ये रहे
मकबूल चित्रकार

जबकि
तब तक तुम पर किताबें नहीं लिखी गयी थीं इफ़रात में
तब तक यह कविता (भी) नहीं लिखी गयी थी
तब तक दंगे नहीं हुए थे
तब तक पेंटिंगें नहीं जलाई गयी थीं
तब तक तुम्हारी हुसैन-दोसी गुफा नहीं बनी थीं
तब तक तुम परदेसी नहीं हुए थे
तब से कह रहा हूँ

लोग निगल लेते हैं
दूसरे के जीवन में बनी रौशनी की लम्बी फाँक को

तब से कह रहा हूँ

लोग ढाँक लेते हैं
धूप में बनी दूसरे की छाँह को

तब से कह रहा हूँ

यह खराब चलन है
हमारे समय में

कि पहचान लें अलाँ-फलाँ को तो

और
बेहिचक कह दें
अरे, ये कौन है भाई

म.फ़ि.हु.!!

और चला गया वह

मन में आशंका नहीं थी
हमारे पड़ोसी हत्यारे हैं
जुर्म हुआ है उन्हीं के हाथों
उन्होंने ही मार कर छुपा दी है मृत देह
इसलिये चले गये हैं वे
बाहर गाँव

पर, दुर्गन्ध वहीं से उठ रही थी

हम भर जाते उनके प्रति
अज्ञात दुर्भावना से इससे पहले
वह घसीट ले आया बाहर
गमले के पीछे दबी हुई
मृत देह पशु की

उसने निकाल कर रख दी
सबके सामने मृत्यु की सड़ान्ध

उसने दिखा दिया
होती है ऐसी ही संदिग्ध स्थितियों में
मृत्यु गली के कुत्तों की

उसने खोल दी
दुर्गन्ध से दबी हुई हमारी साँसें

उसने हटा दी कुंडी
दर्द से फटी जा रही
हमारे माथे की नसों की

उसने एक साथ निपटा दिए कई सारे ज़रूरी काम
चन्द मजूरी के सिक्कों पर

उसने बीन बजाते सपेरे की तरह
बढ़ा दिए आगे कदम

और चला गया वह
नया गर्म कोट पहनकर विचार की तरह!!

वृद्धजन

अजब स्याह रंग लिए

हलकी-सी रोशनी और राख लिये
दिखते हैं वे
लम्बे समय से न देखे गये
नक्षत्रों जैसे

अँधेरे में धरी
विश्राम कर रही पोथियों के पृष्ठ सरीखी
देह से लगी मानव-चर्म दिखती है उनकी

विरक्ति झेलती सूखे फूल-सी दिखती हैं आँखें
इन्हें देखकर कवि शमशेर की पंक्तियाँ याद आती हैं
'टूटी हुई, बिखरी हुई'

कविताएँ लिखते-पढ़ते-सुनते-गुनते हुए भी मुझे
ओटलों चबूतरों पत्थर की बेंचों पर बैठे बतियाते
ज़रा-से भी दिख जाते हैं
जब वे

धड़कते हैं शब्द
गूँजती हैं भंगिमाएँ
जुड़ते हैं रूपक
ज़ोर-ज़ोर से अभिवादन करती

मचलती हैं कोमलकान्त पदावलियाँ
सहज ही पंक्तियों में बैठ जाती है कविता की लय

उसी लय ने कहा मुझे जब भी दिखे वे

हाथ थामते
साथ चलते
माथे पर हाथ फेरते कहा लय ने मुझे :

कविताएँ तभी लिखा करो
जब ठीक इसी तरह
साथ दे रही हो

जीवन की लय भी!!

बेचैनी

सामने प्याले थे
चीनी मिट्टी के सुन्दर सुहावने
नक्काशीदार प्याले
जल से भरे
अलग-अलग जल-स्तर से भरे प्याले
नगर की सम्भ्रान्त होटल के ग़ालीचे पर रखे

वे बैठे दिखे कलाकार भी

कलाकार कहूँ
या कहूँ धुनों के रिंग मास्टर
सुर के क्लास-टीचर

हाथों में छड़ी लिये
घुमाते रहे
हवा में तरंग उठाते रहे
धुनों की
रागों की क्लास सजाते रहे

देखता रहा अचरज में डूबता रहा

सोचता रहा हुनर पर
धुन और सुरों के संगम पर

सोचता रहा और उड़ता रहा
रागों तरंगों पर

स्मरण करता रहा कभी-कभार बीच-बीच में
प्यालों की जगह

बजते हुए अलमुनियम के कटोरों का

छड़ी की जगह सिक्कों का गिरना उन प्यालों में

सम्भ्रान्त होटल की जगह
पुराने मलिन रास्ते

महफिल से उठ-उठकर
स्मरण के सहारे

जाने कहाँ-कहाँ करता रहा आवारगी!!

अब तुम ही कहो

इतना–सा सोचने भर से :

कि शीरखुरमे की मिठास में नहीं डूबा दिन
कि ईदी नहीं बँटी बच्चों में
कि ईदगाह से लौटते चेहरे नज़र नहीं आए अब तक
कि प्रेमचन्द की कहानी नाचती है आँखों में,

कि इतना–सा सोचने भर से
कोई हो सकता है भीतर से मुसलमान

यह तुम ही बताओ भाई अख्तरखान!!

विकर्षण

मैंने मछली नहीं खाई कभी
मंडियों में उसे खूब बिकते देखा भरपूर

भुवनेश्वर
गोवा
मुम्बई के बाज़ार से इसकी गन्ध से नहाया खूब

सामिष भोजन-प्रिय मित्रों से
स्वाद जाने पहचाने परखे इसके

वह एक नाम भी इसका बहुत प्रिय है मुझे—
रोहू

प्रिय कवि नेरुदा के मेमायर्स में लिखे मछलियों के ब्यौरे पसंद
आए बहुत
अनुवाद किये उन अंशों के हिन्दी में

अस्थमा के इलाज में
जीवन्त कैप्सूल-सा
उदरस्थ होते देखा इसे

गोवा से मुम्बई की यात्राएँ कीं
बैठकर
मत्स्यगन्धा एक्सप्रेस में

सोचता हूँ :
अन्य मछली न खाने वाले मित्रों के मन में भी
तैरते होंगे मछली–प्रसंग कई

इस संकेत की तरह :

कि चीज़ों के विकर्षण में भी
व्यर्थ होती जाती है हमारी ऊर्जा!!

चावल के दाने पर ताज

ये भोजन-भट्ट के लिए नहीं है
ये केसर में सींझकर अरोगने के लिए नहीं है
इनसे प्रसाद नहीं बनेगा

भूख मिटाने का माध्यम नहीं है
भूख से ये उपजे ज़रूर हैं
ये दाने नहीं हैं केवल

ये धरती धन जरूर है
मगर उदरस्थ होने के लिए नहीं है

इन दानों पर नाम नहीं गुदा है
अरोगने वाले दूर हैं इनसे

है न ये विचित्र बात
है न ये वही बात
है न ये सही बात
हर पीली वस्तु सोना नहीं होती
है न ये चरितार्थ यही बात

ये दाने नहीं अन्न के केवल
ये दाने नहीं मामूली केवल

इनमें घुली है महीन कारीगरी
इनमें तेज पारखी दृष्टि है
इनमें कौशल और लगन की रंगत है
ये साँसों से निकलकर आए हैं
ये टकटकी निगाहों से बनकर आए हैं
ये धैर्य की महीन कीणी है
इनमें घंटों झुकी रीढ़ का दर्द है

ये रंग रूप स्वाद में अन्न हैं ज़रूर
पर छू गये हैं कारीगरी हुनर से
डूब गये हैं आँखों की नीली गहराइयों में
जी गये हैं ऊँगुलियों के महीन मानवीय स्पर्श

सबसे अच्छा होता यदि आप भी
देख रहे होते इन्हें

देख रहे होते इन्हें
ये प्रायोजित दौड़ का हिस्सा नहीं हैं
इनमें शेयरधारकों की पूँजी नहीं है
ये बहुराष्ट्रीय कम्पनियों की ज़द में नहीं हैं

देख रहे होते इन्हें
ये याद किए जाएँगे कभी
गहरी पर्तों में छिपी

दृष्टि की हजार हदों में धँसी
महीन कारीगरी की तरह
ये याद किए जाएँगे
उस कारीगर की नज़र के लिए भी
जिस में माँ जैसी वत्सलता है

सबसे अच्छा होता यदि आप भी
देख रहे होते इन्हें

ये कारीगर
अन्न की सपाट सतह के नीचे
दृष्टि की सामन्य हदों के नीचे
छिपा सकता है
कला के अमोल खजाने

धरती की सुबहें
रातें
बारिशें
इमारतें
किताबें
खूबसूरतियाँ

वह छिपा सकता है

सबसे अच्छा होता यदि आप भी
देख रहे होते इन्हें
ये कारीगर जानते हैं
अभी भी बचाई जा सकती है
हृदय की ऊष्मा
कला की नायाब दुनिया

हृदयहीनों से भरे
इस बाजारू समय में भी!!

प्रेरक कथा

ब्राउन टेप दाँत से काट-काटकर
धूल-भरे फर्श पर बैठकर
तैयार करता रहा वह कूरियर के पैकेट
फिर उठा और सभी के लिए चाय बना दी
किसी ने कहा गँधा रही है शौचालय की नाली
साफ कर आया वह चुटकी बजाते
किसी ने सिगरेट मँगाई
वह दौड़ गया
किसी ने कहा कुछ, किसी ने कुछ
सुलटाता रहा वह सब कुछ
बीच बीच में कैलेंडर की तारीख पर आँख अटकती रही
वह समय बीतने के हिसाब से पार
वार और और तारीखें देखता, गिनता रहा

अंशकालिक
बेतल्ले की नौकरी में
किसकी कितनी चलती है जिन्दगी इस समय में
यह हम और आप सोचते हैं

पर वह तो गुजर बसर की सारी तरकीबें
ले आया है अपने जन्म के साथ ही

दो दिन बाद तो उसकी सगाई भी होनी है

तुम्हारा वाक्य सिर्फ़

अभी जो तुमने कहा :
चलो गाड़ी दौड़ाओ
चलो यहाँ से चलें

यह कहने से पहले
पर इतना तो सोचो :

वे लोग बादल में नहीं रह सकते
ज़मीन में गड़कर नहीं जी सकते

हवा में सोने लायक कमरा नहीं है
पृथ्वी पर कहीं भी

अँधेरा ओढ़कर
कोई सच में भी नहीं रह सकता है

बरगद की खोल में
सोते हुए आजतक
मैंने नहीं देखा कभी किसी को

और पुराने महल, स्तूप, संग्रहालय की खुली जगहें
आश्रम, गुरुद्वारे, मन्दिर, मस्जिद की छतें
दफ्तर की बड़ी-बड़ी इमारतें, पार्क

बताओ कहाँ हैं ?

कहाँ हैं ?

सोने,
और जीने लायक महफ़ूज खुली जगहें
इतने सारे लोगों के लिए

असल में अभी जो तुमने कहा :

'ये दुनिया एक सराय है'

सुविधा के लिए गढ़ा हुआ
एक वाक्य है
तुम्हारे लिए सिर्फ़!!

लिखना

'आप लिखावट के बारे में कितना कम जानते हैं'

हस्तलेख के नमूने बाँचते
मेरे मित्र ने कहा :

अक्षर
अपने हर आकार,
घुमाव
और
बार-बार की बनत में
आदमी की अन्तर-तहों को खोलते हैं

मेरे मित्र ने यह भी कहा :

जैसे हम लिखते हैं
वैसे हम खुलते हैं,

बहुत सुन्दर लिखावट में भी छिपी रह सकती है
बहुत शैतानी सीरतें

कलम की घिसघिस भी
इनसानी चेहरों की बानगी पेश कर सकती है

लिखावट में छिपी हमारी बेचैनियों
पराभव,
और हिंसक प्रवृत्तियों का ज्ञान न होना,
यह भी प्रमाणित करता है
कि हज़ारों लोगों के विस्थापन से जुड़े
उन तमाम करार,
आदेशों,
सन्धियों
महाजन की पोथियों में बन्द हैं इंसानी साँसें
उन करार, सन्धियों में आदेशों की शक्ल में

जो कभी लिखकर नहीं किए गये!

वस्तुओं में तकलीफें

नज़र उधर क्यों गयी?

वह एक बुहारी थी
सामान्य-सी बुहारी
घर-घर में होनेवाली
सड़क बुहारने वालियों के हाथ में भी होनेवाली

केवल
आकार आदमकद था
खड़े-खड़े ही जिससे
बुहारी जा सकती थी फर्श

वह मूक वस्तु थी
न रूप
न रंग
न आकर्षण
न चमकदार
न वह बहुमूल्य वस्तु कोई
न उसके आने से
चमक उठे घर भर की आँखें

न वह कोई एन्टीक पीस
न वह नानी के हाथ की पुश्तैनी वस्तु हाथरस के सरौते जैसी

एक नज़र में फिर भी
क्यों चुभ गयी वह
क्यों खुब गयी उसकी आदमकद ऊँचाई

वह हृदय के स्थाई भाव को जगानेवाली
साबित क्यों हुई?

उसी ने पत्नी-प्रेम की कणी आँखों में फँसा दी
उसी ने बुहारी लगाती पत्नी की
दर्द से झुकी पीठ दिखा दी

उसी ने कमर पर हाथ धरी स्त्रियों की
चित्रावलियाँ
पुतलियों में घुमा दी

वह वस्तु नहीं थी जादुई
न मोहक ज़रा-सी भी

वह नारियली पत्तों के रेशों से बनी
सामान्य-सी बुहारी थी केवल

पर, उसके आदमकद ने आकर्षित किया
बिन विज्ञापनी प्रहार के
खरीदने की आतुरता दी
कहा अनकहा कान में

लम्बी बुहारी है
झुके बिना सम्भव है सफाई
कम हो सकता है पीठ दर्द
गुम हो सकता है
स्लिप डिस्क

वह बुहारी थी जिसने

भावों की उद्दीपिका का काम किया

जिसने सँभाले रखीं
बीती रातें
बरसातें
बीते दिन

इस्तेमाल करनेवालों की
चित्रावलियाँ स्मृतियाँ ही नहीं

उनकी तकलीफें भी

जबकि वह बुहारी थी केवल!!

नये बन रहे तानाशाह

उन्हें पसन्द नहीं होती प्रेरक-कथाएँ
उनके लिए असहनीय हो जाती हैं शौर्य-गाथाएँ
वे सुनना नहीं चाहते वीरता की बातें
लोरियों तक में

पढ़ना नहीं चाहते वे स्नेहपूर्ण पंक्तियाँ
कब्र पर लगे पत्थरों से भी

वे नहाना नहीं चाहते दूसरी बार
एक बार नहाई जा चुकी
नदियों के जल में

कुछ उन्मत्त पसन्दगियों पर चलकर
खड़ा होता है
वजूद उनका

नये बन रहे तानाशाहों का!!

इक बेदरो-दीवार का घर

(वाम सौंदर्यालोचक डॉ. शिव कुमार मिश्र का घर)

नहीं, यह तॉलस्तॉय का घर नहीं है
इसे त्रिमूर्ति भवन भी नहीं कह सकते
कैसे कह सकते हैं?
जॉर्ज लुकाच, हेमिंग्वे, नेरुदा का घर इसे

नव धनाढ्य की हवेलीनुमा बैठक तो
इसमें कतई नहीं है

हाँ, नागार्जुन, त्रिलोचन, शमशेर की आवाजें,
उनकी लुप्तप्राय पदचापें
उनकी प्रदीर्घ आत्मीय वार्ताएँ अलबत्ता
सब हवा पर कान लगाकर सुनी जा सकती हैं

यहाँ केवल पुस्तकें, रोटी, अरहर की दाल के बघार की गन्ध ही
उपलब्ध नहीं है
यहाँ मिट्ठू, मिनकी और श्वान की गन्ध भी है

यह ऊँचे रसूखवालों की ड्योढ़ी नहीं
बहुत आमफहम लोग
पशु-पक्षी तक इससे वाबस्ता हैं

कहते हैं :
एक मिट्ठू हुआ करता था बहुत पहले यहाँ

जिसकी मिठास से भरा रहता था घर
जिसने एक बार अपनी अटपटी सुनी-सुनाई पंछीवत
सुग्गे-वाणी में खूब लताड़ा था
हिन्दी के मूर्धन्य बुजुर्ग कवि बाबा नागार्जुन को भी

मिनकियों की महीन मीठी फुसफुसाहटों
उनके जीवन की पदचापों से भी भरा रहा है
यह पुरातात्विक घर।

इसे बख्तरबन्द कवच
बंकर

या टैंक जैसा घर समझने की गलती न करें

यहाँ भोजन के वक्त बिछता है
मनुष्य और घरेलु पालतू पशुओं के लिए भी
दस्तरखान!!

महाश्वेता

माँ महाश्वेता तुम्हें कलकत्ते में देखा
तुम्हारे अस्सीवें वसन्त पर

अपने जीवन के सबसे मृदुल
सबसे सुखद सबसे अविस्मरणीय
सबसे अनिर्वचनीय बसन्त मनाते हुए

तुम्हें कई-कई बार देखा शब्दों की ओट से
संथालों के बीच जाते, आते हुए
उनके एक से एक मसाइल में

ऊँगुलियाँ फँसाते सोचते खोजते पढ़ते लिखत बोलते हुए

आदिवासी-जन के माथे पर हाथ फेरते
उनके कन्धे सहलाते
उनके बच्चों को गोद में उठाते, चूमते चुमकारते

एक हज़ार लाख करोड़ चौरासीवीं की ही नहीं हमारी भी माँ

बिहार बंगाल के घने कबीलाई इलाकों में धँसती जाती घूमती
संथाल किसान बसाई टूडू से मिलती
उसकी लड़ाई खुद लड़ती,
शामिल होती उसके साथ
बसाई टूडू को रक्तबीज बनाती

बिरसा मुंडे को फिर-फिर जिलाती
संघर्ष की कहानी में नये किरदार जोड़तीं
दुनिया को घर की तरफ खोलतीं
पृथ्वी पर बसने रचने के स्वर बोलतीं

तुम दिखी महाश्वेता माँ
जीवन के अस्सीवें बसन्त पर

वक्त के महामना कथा सर्जक ज्ञानरंजन की पेशानी चूमती
कँपकँपाते हाथ से सबको छूती

नि:शब्द पर बहुत कुछ बोलतीं

कवि चन्द्रकान्त देवताले की पीठ थपथपातीं
परचम की तरह लहलहाते लाल झंडे के सिपाही आलोक धन्वा
अनीता वर्मा, रवि भूषण, शरद कोकास, मंगलेश डबराल
मुझ जैसे
तमाम जन से मिलतीं

वही सुखद तस्वीर
वही तस्वीर...
जो बनी बिगड़ी फिर-फिर बनी होगी कई बार
संथाल परगना के आदिजन इलाकों में

उनके बीच जब-जब तुम गयीं
रुकी ठहरीं उनके साथ... वही तस्वीर
जो न कभी धुली,
पर, हर तस्वीर में जहाँ तुम माँ थीं

यहाँ भी माँ,
मुसकाती अपनी आभा बिखेरती जीवन के अस्सीवें बसन्त पर

मैं फिर-फिर मिलूँगा

झुकूँगा
तुम्हारे कदमों में
सिर नवाऊँगा

लिखूँगा तुम्हारी कलम से कलम जोड़कर

झुकेगा
काल भी मेरे साथ

सिर नवाएगा
लिखेगा तुम्हारा नाम
कहेगा काल भी मेरे साथ

माँ महाश्वेता!!!

जैसे ऊँट

ऊँट को नज़बदर करना ठीक नहीं

उसके पास वैसा कद है
जैसा रेत का एक
छोटा टीला होता है
छोटी मीनार
या एक छज्जे का घर होता

वह बूढ़ा हो तब भी
चटकाता तो है आपके
मेरु-मनके

गरदन ऊँचाए बिना
कैसे देखोगे वरना उसे?

उसकी आँख से दिखती है
ज़मीन कितनी नीचे
कितने नीचे आप

ज़रा निहुरकर मिलना सीखिए इनसे
इनसे क्यों
सबसे

आप व्यर्थ ही अपनी ख्वामख्याली में रहते हैं चूर!

उर्दू हिन्दू

उन्होंने कहा :

तुम्हारी भाषा में उर्दू बहुत है

नाम क्या है?
हिन्दू नहीं हो क्या?

मुझे लगा :

इस भाषाई नंगई का जन्म
ज़रूर किसी हिन्दू प्रयोगशाला में हुआ है!

णाणं
पयासयं
वीर नि. सं. 2470
भारतीय ज्ञानपीठ
ई सन् 1944